DES

CATÉCHISMES

QUI RECOMMANDENT ET PRESCRIVENT

LE PAIEMENT DE LA DÎME, L'OBÉISSANCE ET LE RESPECT

AUX SEIGNEURS DES PAROISSES, etc., etc.;

ET

DE LEUR RÉIMPRESSION SOUS L'EMPIRE DE LA CHARTE.

PAR M. G.

A. É. D. B.

NOUVELLE ÉDITION AUGMENTÉE.

PARIS,

DE L'IMPRIMERIE DE BAUDOUIN FRÈRES,

RUE DE VAUGIRARD, N° 36.

FÉVRER 1822.

L'écrit dont on publie une nouvelle édition, avait paru, il y a près de deux ans, dans la *Chronique religieuse* (Tom. V, pag. 1 et suiv.), ouvrage en proie aux pirates de la littérature. C'est là que M. Kératry avait puisé, *sans la citer,* les détails consignés dans son livre *La France telle qu'on l'a faite,* et qu'il reproduit par sa lettre insérée dans *le Courrier français* d'hier 18 février.

DES
CATÉCHISMES

QUI RECOMMANDENT ET PRESCRIVENT

LE PAIEMENT DE LA DIME, L'OBÉISSANCE, LE RESPECT
AUX SEIGNEURS DES PAROISSES, etc., etc.

***

Beaucoup de Catéchismes réimprimés depuis 1814 contiennent les recommandations et injonctions énoncées dans le titre de cet opuscule. C'est une vérité prouvée jusqu'à l'évidence par les extraits textuels insérés dans la *Chronique religieuse* (1).

Il est fâcheux que ces Catéchismes soient encore trop peu connus d'un côté de la Chambre des députés, et que de l'autre certaines personnes osent en contester l'existence.

Placer de nouveau les preuves de cette allégation sous les yeux du public, est un acte dont peut s'honorer un citoyen qui, par ses principes et par son caractère, doit montrer l'exemple de la soumission aux lois de son pays. Ces lois ont aboli la dîme. Comment donc arrive-t-il que des évêques

***

(1) Voy. tom. v, pag. 1 à 26, et tom. vi, pag. 89 et 455, etc.

français multiplient impunément, depuis 1814, ces articles des Catéchismes ? Nous disons *impuné-ment ;* du moins jusqu'ici on n'entend pas dire qu'à cet égard aient été prises aucunes mesures répressives. Les hommes de bien gémissent de ce désordre, et n'en sont pas surpris; car, pour l'être, il faudrait s'aveugler volontairement sur la persévérance et les efforts secrets et patens d'une faction oligarchique qui tend à ressusciter complétement l'ancien régime avec ses abus légalement proscrits. Les *trompettes ultramontaines* gardent le silence sur de tels faits, parce qu'il y a impossibilité non-seulement de les réfuter, mais d'en atténuer le tort.

M. de Villèle, dans la séance du 31 janvier, a soutenu que l'article de la dîme, dans le Catéchisme de Soissons, avait été inséré *par erreur.* Lorsqu'en 1820, l'évêque de Poitiers fit publier dans son diocèse un bref de Rome *qui n'avait pas été vérifié,* on allégua qu'il l'avait fait *par inadvertance.* Cette excuse fut admise, et le roi, par une ordonnance du 23 décembre 1820, supprima le mandement épiscopal.

Appliquez, si bon vous semble, l'excuse *d'inad-vertance et d'erreur* à cette foule de catéchismes que nous allons citer ; mais il est fâcheux que des *maîtres en Israël* aient de telles distractions dont ils peuvent se garantir par deux moyens efficaces.

Le premier est la connaissance des lois de l'État dans leur rapport avec le ministère ecclésiastique.

Le second est la soumission à ces lois, par principe de conscience et par attachement à la patrie ; quand les lumières de l'esprit sont en harmonie avec les sentimens du cœur, ces sentimens réveillent la mémoire, lui épargnent des *erreurs*, des *inadvertances*, et mettent à l'abri d'un reproche fondé et d'une juste animadversion.

Lorsque des prélats ont besoin d'indulgence, elle doit être pour eux un motif de plus d'user de modération envers leurs coopérateurs et leurs diocésains, et de repousser tout esprit de domination si clairement condamnée dans l'Écriture-Sainte : *Neque dominantes in cleris*, etc.

En compulsant les Catéchismes réimprimés officiellement depuis 1814, trois articles spécialement appellent l'attention : le mariage, le quatrième précepte du Décalogue et les commandemens de l'Église.

Les ministres des autels ayant été, pendant bien des siècles, simultanément pasteurs et officiers civils pour les mariages, on s'était habitué à considérer le sacrement et le contrat comme identiques. De graves erreurs sont résultées de cette confusion, inconnue à l'antiquité, et même jusque dans le moyen âge. Parmi les faits qui établissent cette assertion, plusieurs fois on a cité saint Louis qui cohabita avec sa femme pendant quinze jours écoulés entre le mariage et la bénédiction nuptiale. L'un des plus illustres prélats d'Espagne, Carranza, dans son commentaire sur le Catéchisme, établit formellement cette distinction, et il autorise la cohabitation conjugale dans le laps de temps entre le contrat et la réception du sacrement (1). Cette distinction est clairement énoncée dans les anciens rituels de Strasbourg, Cologne, Wilna, etc.

Le Catéchisme d'Avranches, réimprimé en 1818, demande ce qu'il faut pour qu'un mariage soit valide. *Réponse :* « Il faut que les bans soient publiés » dans la paroisse de l'une et l'autre parties, et » qu'elles se marient en présence de leur propre » curé ou d'un prêtre commis par lui, et devant » quatre témoins (2). »

On ne voit là aucune mention du contrat devant l'officier civil.

Le Catéchisme de Valence, réimprimé en 1814, déclare que « ceux qui se marient sans recevoir » la bénédition nuptiale, péchent grièvement. » Jusque-là tout est bien ; mais il ajoute que « *pour* » *l'ordinaire, leur mariage est nul* (3). » On ne voit pas ce qui peut justifier cette addition dans celui de Valence, ni l'omission qu'on vient de signaler dans celui d'Avranches.

---

(1) Voy. Commentarios del reverendiss. senior Fr.-Barth. Carranza, etc. ; Sobre el Catechismo, etc., in-folio. Voy. Niceron, art. Carranza, pag. 355.

(2) Voy. le Catéchisme d'Avranches, réimprimé, en 1818, à Avranches, chez Quesnel, pag. 111.

(3) Voy. Catéchisme du diocèse de Valence ; in-12. Valence, 1814, pag. 166 et suiv.

Presque tous les Catéchismes, en parlant du mariage, débutent ainsi : *Qu'est-ce que le mariage?* c'est un *sacrement* qui, etc. Il importe plus que jamais d'inculquer aux fidèles que Jésus-Christ a établi un sacrement pour sanctifier le mariage ; qu'ils commettent un péché grave quand ils négligent de le recevoir, et quand ils le reçoivent sans avoir les dispositions requises; mais que cependant la validité du lien dépend du contrat civil. De bons ouvrages, et particulièrement ceux de M. le président Agier et de M. Tabaraud, ont parfaitement éclairci ce point de doctrine qu'avaient obscurci des scolastiques modernes. Mais quand le cœur est dévoré par le désir de la domination, l'esprit ferme les yeux à l'évidence; de là cette jonglerie intéressée de tant d'ecclésiastiques qui, traitant de concubinage les unions formées civilement et bénies ensuite par des prêtres assermentés, n'ont cessé de *remarier,* de *rebénir* des mariages revêtus des caractères requis pour être saints et légitimes.

De tous les Catéchismes qui ont passé sous mes yeux, celui du Puy, réimprimé en 1814, ceux de Cambrai et d'Arras, publiés par les deux évêques actuels, sont les seuls qui présentent des notions plus saines sur ce sujet. Ils exigent que le mariage soit conforme aux lois de l'Église et de l'État. Il serait plus exact de dire que le mariage (le contrat) doit être conforme aux lois de l'État, et que la bénédiction nuptiale (le sacrement) doit être administrée conformément aux règles de l'Église.

C'est ici le cas de dire que plusieurs Catéchismes offrent des idées très-inexactes sur la nature, les droits, les devoirs, l'étendue et les bornes de la puissance temporelle. Faisons un effort de charité pour ne voir là que de l'ignorance ; mais l'ignorance peut-elle être alléguée pour excuser des hommes dont les lèvres doivent être les organes de la franchise et les dépositaires de la science, quand on voit l'affectation avec laquelle des grands-vicaires et des évêques provoquent dans leurs Catéchismes le retour du régime féodal, en inculquant l'obéissance *aux seigneurs des paroisses*, comme s'il en existait encore ? Pour appuyer une inculpation si grave, les citations seront portées jusqu'à une exactitude minutieuse qui facilitera les moyens de les vérifier.

L'obligation de reconnaître comme supérieurs les *seigneurs*, le *seigneur temporel*, le *seigneur de la paroisse*, se trouve dans les Catéchismes suivans :

1°. Catéchisme à l'usage de Vienne, réimprimé en 1817 (1).

2°. Catéchisme imprimé par ordre du dernier concile d'Avignon, réimprimé en 1815 (2).

3°. Premier et second Catéchisme à l'usage de

---

(1) In-12. Grenoble, chez Baratier, pag. 25.
(2) In-12. Avignon, 1815, chez Aubanel, pag. 84.

(9)

l'ancien diocèse de Saint-Malo, réimprimé en 1818 avec permission des vicaires-généraux de Saint-Brieux, le siége vacant, le 6 février 1815. *Signé* Manoir et J. M. Robert de la Mennais, vicaires-généraux (1).

Il est à remarquer que dans l'année présente 1822, à peine commencée, le même Catéchisme, réimprimé à Saint-Malo et Dol, contient également pag. 84, l'article des *seigneurs*. Dans cette édition ne se trouve pas l'approbation des deux grands-vicaires (2).

4°. Catéchisme ou Abrégé de la doctrine chrétienne, à l'usage du diocèse de Langres, réimprimé en 1819, avec permission de monseigneur l'évêque de Troyes, en date du 20 octobre 1814. *Signé* Arvisenet, vicaire-général (3).

5°. Catéchisme de Soissons, réimprimé en 1815 et 1816, avec la permission de l'évêque de Soissons et Laon (4).

6°. Catéchisme pour le diocèse d'Auch, réimprimé à Toulouse, sans date, mais indubitablement depuis 1814 (5).

---

(1) In-12, 1815; à Dinan, chez Huart, pag. 92.

(2) Premier et second Catéchismes à l'usage de l'ancien diocèse de Saint-Malo, par Mgr. Des Laurents; in-12. Saint-Malo, L. Hovius, ancien imprimeur des évêchés de Saint-Malo et Dol, 1822.

(3) In-12, 1819. Bar-sur-Seine, chez Malvost, pag. 32.

4) In-12. Laon, chez Courtois; pag. 84 dans les deux éditions de 1815 et 1816.

(5) In-12. Toulouse, chez Hénault; pag. 102.

7°. **Catéchisme pour le diocèse de Montauban**, réimprimé en 1814, par permission de monseigneur de Grainville, évêque de Cahors, en date du 1er septembre 1814 (1).

8°. **Catéchisme de Reims**, réimprimé à Sedan en 1814, à Épernay en 1817, à Reims en 1819 (2).

9°. **Catéchisme à l'usage du diocèse de Châlons** (3).

10°. **Catéchisme à l'usage du diocèse d'Oleron**, réimprimé en 1814, avec permission de monseigneur Loison, évêque de Bayonne, du 12 septembre 1814. Pour mieux inculquer la doctrine féodale aux habitans de la campagne, le même Catéchisme a été traduit 1° en gascon, et imprimé, la même année, avec l'autorisation de l'évêque qui occupait le siége. Il présente de même les devoirs envers *lous seignous* (4); 2° traduit en langue basque, et l'on a eu soin d'y inculquer les devoirs à remplir envers les *messieurs*, les *seigneurs*, (*Jaunat*) (5).

---

(1) In-12. A Montauban, imprimerie de Crosilhes; pag. 110.

(2) In-12. Sedan, 1814, chez Bauduin, pag. 130; — in-12, à Épernay, 1817, chez Warin–Thierry, pag. 130; — in-12, Reims, 1819, chez de Launois, pag. 130.

(3) In-12, 1819. Épernay, chez Warin–Thierry, pag. 27.

(4) In-12. Oleron, chez Cluzeau, p. 49; et *Catéchisme à l'usadge du diocèse d'Aulourou;* in-12. Bayonne, chez Cluzeau, pag. 50.

(5) Catechisma oloroco diocezaren Cerbutchuco; in-12. Toulouse, chez Hénault, impression sans date, mais récente. Voy. pag. 18, 75 et 85.

Ainsi, des prélats révoltés contre les lois fondamentales de l'État, veulent, au nom du ciel, rétablir le régime féodal, traînant peut-être à sa suite les cens, les lods, redevances, titres, mainmortes, bannalités, corvées, épaves, champarts, etc. On ne manquera pas d'alléguer que je rappelle des abus éteints par l'autorité législative ; mais, par la même autorité, ont été supprimés les seigneurs de paroisse : tout cela est sur la même ligne.

Le nombre des commandemens de l'Église n'est pas le même dans tous les Catéchismes : celui de Corfou, 1801, n'en a que cinq, parce que deux sont réunis en un seul. La plupart des diocèses en comptent six ; d'autres, surtout dans le midi de la France, en ont depuis sept jusqu'à dix, en aussi mauvais français que les dix commandemens de Dieu ; on y voit : *ni le samedi mêmement ;* ce dernier mot est introuvable ailleurs. Ceux qui ont plus de six commandemens, y insèrent l'obligation de fuir les excommuniés et de se faire absoudre promptement, si on a encouru quelque excommunication ; mais, dans l'explication, on chercherait en vain quelques notions exactes sur les caractères de validité que doivent avoir les censures, interdits, excommunications. Quoique la plupart des Catéchismes n'aient pas ce commandement, ni celui qui concerne le temps où il est défendu de célébrer les noces, c'étaient des règles équivoques généralement reçues dans toute la France.

Le septième commandement de ces Catéchismes était ainsi conçu :

> Hors le temps noces ne feras,
> Payant la dîme justement.

En les réimprimant, plusieurs ont retranché l'article de la dîme, et n'ont admis que le premier vers.

Mais l'obligation de payer la dîme se retrouve dans les Catéchismes suivans, dont on a donné de nouvelles éditions dans ces dernières années.

1°. Catéchisme en faveur de la jeunesse du diocèse de Besançon, réimprimé en 1814. (1)

2°. Catéchisme du concile d'Avignon, déjà cité à propos des *seigneurs* (2). Si pour le réimprimer on avait obtenu l'autorisation du vénérable évêque démissionnaire, ce ne pourrait être qu'une surprise faite à sa loyauté ; car sa conduite et ses principes repoussent même le soupçon, et il importe de faire remarquer qu'on n'y trouve pas cette autorisation.

3°. Catéchisme ou instruction familière, etc., Marseille 1814, avec permission de M. Martin,

---

(1) In-12. Besançon, chez Chalandre, 1814, pag. 72. Voy. la *Chronique*, tom. IV, pag. 533 et suiv.
(2) Pag. 96.

(13)

vicaire général des diocèses d'Aix et d'Arles, le siége vacant, sous la date du 20 octobre 1814 (1).

En 1815, à Marseille, une édition nouvelle du *Catéchisme* ou *instruction familière*, contient encore l'article de la dîme. Ce Catéchisme est, dit-on, le seul enseigné dans cette ville (2).

4°. Catéchisme du diocèse de Tarbes, 1814, approuvé par Mgr. Loison, évêque de Baïonne (3), mais réimprimé en 1818 à Baïonne, sans la dîme et sans approbation.

5°. Catéchisme d'Oleron, déjà cité pour l'article des *seigneurs*, et approuvé par le même évêque de Baïonne, édition française (4) et édition en idiome gascon (5). L'édition en langue basque déjà citée prescrit également de payer les dîmes et les prémices. *Detchema primitiæ PP. phaca itiæ chuchenki* (6).

6°. Catéchisme du diocèse de Soissons. A la séance du 31 janvier, M. de Girardin a cité l'édition faite à Soissons. J'ignore si ce Catéchisme est le même que celui de 1720, que l'archevêque

---

(1) In-12. Marseille, 1815, chez Mossy, pag. 25.

(2) Voy. Catéchisme ou Instruction familières ; in-12. Marseille, chez Dubié et Masvert, libraires, 1815, pag. 26.

(3) In-12. Tarbes, 1814, chez Roquemaure, pag. 101 et 102.

(4) In-12. Oleron, 1814, chez Cluzeau, pag. 53.

(5) Oleron, 1814. *Pagan la desme justament.* L'explication porte que la *Gleyse* (l'Église) ordonne de payer justement les dîmes qui sont *debutes* aux pasteurs de la *Gleyse*.

(6) Voy. pag. 18, 75 et 85.

d'Aix, Forbin Janson, adopta pour son diocèse. Il contenait les articles concernant les *seigneurs* et les *dîmes*, et ce Catéchisme a été réimprimé en 1820 à Tarascon (1).

7°. Le Catéchisme du diocèse de Béziers en 1814 (2).

8°. Catéchisme du diocèse de Montpellier, trois éditions en 1815, à Montpellier; l'une sans autorisation, deux autres par ordre de Mgr. Fournier, évêque actuel. Mais enfin, une en 1819, où l'on a fait disparaître la dîme qui se trouve dans les trois éditions précédentes (3).

9°. Catéchisme pour le diocèse de Montauban, déjà cité *sur les seigneurs*, par autorisation de Mgr. de Grainville, évêque de Cahors. Ici on s'est contenté d'insérer les mots : *Payeras les dîmes justement* (4), sans autre explication ; mais on y supplée en avertissant qu'on doit respecter les lois de l'Église et leur obéir comme aux ordres de Dieu (5).

10°. Catéchisme du Puy, 1814, réimprimé avec permission de M. Mailhet-Vachères, vicaire-général capitulaire du diocèse de Saint-Flour. Il contient l'expression remarquable qu'il faut payer

----

(1) Chez Aubanel, imprimeur-libraire. Voy. p. 16 sur *la dîme*, et pag. 115 sur *les seigneurs*.

(2) In-12. Béziers, chez Bousquet, pag. 72.

(3) Montpellier, 1815, chez Martel aîné, pag. 62. Deux autres éditions, chez Tournel, 1815, pag. 44 et 68.

(4) Montauban, 1814, chez Croisilhes, pag. 10.

(5) *Ibid.*, pag. 125.

la dîme avec fidélité et *reconnaissance* (1), d'où il est à conclure qu'après avoir payé fidèlement la dîme, si l'on n'était pas *reconnaissant* envers celui qui a la bonté de l'accepter, on n'aurait accompli que la moitié du précepte. Je m'empresse de dire que dans une édition de l'année suivante cet article est supprimé.

11°. Catéchisme du diocèse d'Auch, 1814, cité pour l'article des *seigneurs* ; on y signale comme violateurs de la loi de l'Église ceux qui ne paient qu'une partie de la dîme, ou qui choisissent ce qu'ils ont de plus mauvais, ou qui refusent de la payer selon l'ancienne coutume (2).

Pourvoir à la subsistance des pasteurs, c'est une obligation stricte et sacrée ; mais le mode d'y pourvoir peut varier ; et quand des évêques dans leurs Catéchismes, des prêtres dans leurs instructions, inculquent l'obligation de payer la dîme qui, légalement abolie, est alors une concussion ; quand ils affectent de méconnaître les droits de la société civile sur le contrat de mariage ; quand dans ces Catéchismes ils enjoignent l'obéissance *aux seigneurs*, ils se constituent évidemment en révolte contre la loi. Si ces tentatives criminelles étaient souffertes, il faudrait en induire que, dans les départemens où elles ont été commises, des magistrats chargés de surveiller l'ordre public ignorent

---

(1) In-12. Au Puy, 1814, chez Guillaume, pag. 27 et 28.
(2) In-12. Toulouse, 1814, chez Hénault, pag. 119.

ce que tout le monde sait, ou que certains hommes sont clandestinement privilégiés pour braver l'autorité souveraine, et arriver sans doute au rétablissement de tous les priviléges, c'est-à-dire, de tous les abus. Un pair de France, M. Ferrand, dans sa Vie de Madame Élisabeth, a prédit que la France *voudra reprendre ses anciens liens.* La féodalité et la dîme seraient-elles comprises dans cette prophétie ?

BIBLIOTHEQUE NATIONALE DE FRANCE - PARIS

MIRE ISO N° 1
AFNOR 92049 PARIS LA DÉFENSE

225 250 280
200
180 160 140 125

1/9

PRODUCTION SCRIPTUM PARIS
en conformité avec NF Z 43-011 et ISO 446:1991

0 1 2 3 4 5 6 7 8 9 10

Date : MAI 1999   **SERVICE REPRODUCTION**